Gebet für unsere Erde

Papst Franziskus

Aus der Enzyklika »Laudato si«

HERDER

FREIBURG · BASEL · WIEN

Vorwort

»Es wird keine neue Beziehung zur Natur geben ohne einen neuen Menschen«. Papst Franziskus weist in seiner Enzyklika »Laudato si« nicht nur auf die klimatischen Veränderungen und die zunehmend ungerechte Verteilung der Güter unserer Erde hin, sondern lädt dringlich ein »zu einem neuen Dialog über die Art und Weise, wie wir die Zukunft unseres Planeten gestalten«.

Seine engagierte Botschaft zur Bewahrung der Schöpfung wendet sich »an alle Menschen guten Willens« und er beschließt seinen Text mit zwei Gebeten, die er als Einladung an alle verstanden wissen will, die sich im Glauben an einen Schöpfergott verbunden wissen.

Bilder können Texten eine Farbe geben und so verknüpft dieses Buch die Gebetsbitten sowie prägnante Zitate der Enzyklika mit sorgsam ausgewählten Motiven. Im Zusammenklang wollen sie uns zum Nachdenken anregen, unseren eigenen Platz bei der »ökologischen Umkehr« zu finden und die Einladung zu einer »Kultur der Achtsamkeit« anzunehmen.

Gebet für unsere Erde

Allmächtiger Gott,
der du in der Weite des Alls gegenwärtig bist
und im kleinsten deiner Geschöpfe,
der du alles, was existiert,
mit deiner Zärtlichkeit umschließt,
gieße uns die Kraft deiner Liebe ein,
damit wir das Leben und die Schönheit hüten.

Überflute uns mit Frieden,
damit wir als Brüder und Schwestern leben
und niemandem schaden.

Gott der Armen,
hilf uns,
die Verlassenen und Vergessenen dieser Erde,
die so wertvoll sind in deinen Augen,
zu retten.

Heile unser Leben,
damit wir Beschützer der Welt sind
und nicht Räuber,
damit wir Schönheit säen
und nicht Verseuchung und Zerstörung.

Rühre die Herzen derer an,
die nur Gewinn suchen
auf Kosten der Armen und der Erde.

Lehre uns,
den Wert von allen Dingen zu entdecken
und voll Bewunderung zu betrachten;
zu erkennen, dass wir zutiefst verbunden sind
mit allen Geschöpfen
auf unserem Weg zu deinem unendlichen Licht.

Danke, dass du alle Tage bei uns bist.
Ermutige uns bitte in unserem Kampf
für Gerechtigkeit, Liebe und Frieden.

Allmächtiger Gott,
der du in der Weite des Alls gegenwärtig bist
und im kleinsten deiner Geschöpfe,
der du alles, was existiert,
mit deiner Zärtlichkeit umschließt,
gieße uns die Kraft deiner Liebe ein,
damit wir das Leben und die Schönheit hüten.

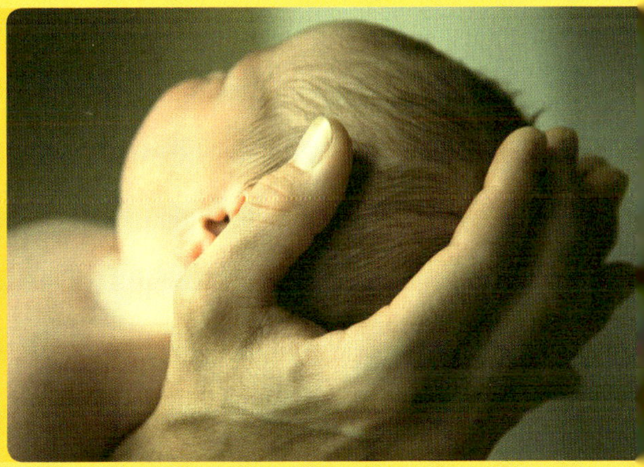

Gieße uns die Kraft deiner Liebe ein

Wir vergessen, dass wir selber Erde sind (vgl. Gen 2,7). Unser eigener Körper ist aus den Elementen des Planeten gebildet; seine Luft ist es, die uns den Atem gibt, und sein Wasser belebt und erquickt uns.

LS 2

Von Gott geschaffen

Das Klima als gemeinsames Gut

Das Klima ist ein gemeinschaftliches Gut von allen und für alle. Es ist auf globaler Ebene ein kompliziertes System, das mit vielen wesentlichen Bedingungen für das menschliche Leben verbunden ist. Es besteht eine sehr starke wissenschaftliche Übereinstimmung darüber, dass wir uns in einer besorgniserregenden Erwärmung des Klimasystems befinden.

In den letzten Jahrzehnten war diese Erwärmung von dem ständigen Anstieg des Meeresspiegels begleitet, und außerdem dürfte es schwierig sein, sie nicht mit der Zunahme extremer meteorologischer Ereignisse in Verbindung zu bringen, abgesehen davon, dass man nicht jedem besonderen Phänomen eine wissenschaftlich bestimmbare Ursache zuschreiben kann.

Die Menschheit ist aufgerufen, sich der Notwendigkeit bewusst zu werden, Änderungen im Leben, in der Produktion und im Konsum vorzunehmen, um diese Erwärmung oder zumindest die menschlichen Ursachen, die sie hervorrufen und verschärfen, zu bekämpfen.

LS 23

Überflute uns mit Frieden

Überflute uns mit Frieden,
damit wir als Brüder und Schwestern leben
und niemandem schaden.

Das ist es, was uns die Erzählung von Noach lehrt (Gen 6,13) […] In diesen so alten, an tiefem Symbolismus überreichen Erzählungen war schon eine heutige Überzeugung enthalten: dass alles aufeinander bezogen ist und dass die echte Sorge für unser eigenes Leben und unsere Beziehungen zur Natur nicht zu trennen ist von der Brüderlichkeit, der Gerechtigkeit und der Treue gegenüber den anderen.

LS 90

Als Brüder und Schwestern verantwortlich

Mehr als »Ressourcen«

Doch es genügt nicht, an die verschiedenen Arten nur als eventuelle nutzbare »Ressourcen« zu denken und zu vergessen, dass sie einen Eigenwert besitzen. Jedes Jahr verschwinden Tausende Pflanzen und Tierarten, die wir nicht mehr kennen können, die unsere Kinder nicht mehr sehen können, verloren für immer. Die weitaus größte Mehrheit stirbt aus Gründen aus, die mit irgendeinem menschlichen Tun zusammenhängen. Unseretwegen können bereits Tausende Arten nicht mehr mit ihrer Existenz Gott verherrlichen, noch uns ihre Botschaft vermitteln. Dazu haben wir kein Recht.

LS 33

Gott der Armen,
hilf uns,
die Verlassenen und Vergessenen dieser Erde,
die so wertvoll sind in deinen Augen,
zu retten.

So wertvoll in deinen Augen

Es gibt nicht zwei Krisen nebeneinander, eine der Umwelt und eine der Gesellschaft, sondern eine einzige und komplexe sozio-ökologische Krise.

LS 139

Die Klage der Armen und der Erde hören

Die Situation der Armen

Viele Arme leben in Gebieten, die besonders von Phänomenen heimgesucht werden, die mit der Erwärmung verbunden sind, und die Mittel für ihren Lebensunterhalt hängen stark von den natürlichen Reserven und den ökosystemischen Betrieben wie Landwirtschaft, Fischfang und Waldbestand ab. [...]

So verursachen die klimatischen Veränderungen zum Beispiel Migrationen von Tieren und Pflanzen, die sich nicht immer anpassen können, und das schädigt wiederum die Produktionsquellen der Ärmsten, die sich ebenfalls genötigt sehen abzuwandern, mit großer Ungewissheit im Hinblick auf ihre Zukunft und die ihrer Kinder. Tragisch ist die Zunahme der Migranten, die vor dem Elend flüchten, das durch die Umweltzerstörung immer schlimmer wird, und die in den internationalen Abkommen nicht als Flüchtlinge anerkannt werden; sie tragen die Last ihres Lebens in Verlassenheit und ohne jeden gesetzlichen Schutz.

LS 25

Damit wir Schönheit säen

Heile unser Leben,
damit wir Beschützer der Welt sind
und nicht Räuber,
damit wir Schönheit säen
und nicht Verseuchung und Zerstörung.

Wenn die ökologische Krise ein Aufbrechen oder ein Sichtbarwerden der ethischen, kulturellen und spirituellen Krise der Moderne bedeutet, können wir nicht beanspruchen, unsere Beziehung zur Natur und zur Umwelt zu heilen, ohne alle grundlegenden Beziehungen des Menschen zu heilen.

LS 119

Das Leben heilen

Fortschritt neu definieren

Wenn in einigen Fällen die nachhaltige Entwicklung neue Formen des Wachstums mit sich bringen wird, muss man immerhin in anderen Fällen angesichts des unersättlichen und unverantwortlichen Wachstums, das jahrzehntelang stattgefunden hat, auch daran denken, die Gangart ein wenig zu verlangsamen, indem man einige vernünftige Grenzen setzt und sogar umkehrt, bevor es zu spät ist.

Wir wissen, dass das Verhalten derer, die mehr und mehr konsumieren und zerstören, während andere noch nicht entsprechend ihrer Menschenwürde leben können, unvertretbar ist. Darum ist die Stunde gekommen, in einigen Teilen der Welt eine gewisse Rezession zu akzeptieren und Hilfen zu geben, damit in anderen Teilen ein gesunder Aufschwung stattfinden kann.

LS 193

Rühre die Herzen derer an,
die nur Gewinn suchen
auf Kosten der Armen und der Erde.

Rühre die Herzen an

Wenn die Menschen selbstbezogen werden und sich in ihrem eigenen Gewissen isolieren, werden sie immer unersättlicher. Während das Herz des Menschen immer leerer wird, braucht er immer nötiger Dinge, die er kaufen, besitzen und konsumieren kann.

LS 204

Zur Umkehr gerufen

Politik und Wirtschaft im Dienst des Lebens

Die Politik darf sich nicht der Wirtschaft unterwerfen, und diese darf sich nicht dem Diktat und dem effizienzorientierten Paradigma der Technokratie unterwerfen. Im Hinblick auf das Gemeinwohl besteht für uns heute die dringende Notwendigkeit, dass Politik und Wirtschaft sich im Dialog entschieden in den Dienst des Lebens stellen, besonders in den des menschlichen Lebens.

Die Rettung der Banken um jeden Preis, indem man die Kosten dafür der Bevölkerung aufbürdet, ohne den festen Entschluss, das gesamte System zu überprüfen und zu reformieren, unterstützt eine absolute Herrschaft der Finanzen, die keine Zukunft besitzt und nach einer langwierigen, kostspieligen und scheinbaren Heilung nur neue Krisen hervorrufen kann.

LS 189

Zutiefst verbunden mit allen Geschöpfen

*Lehre uns,
den Wert von allen Dingen zu entdecken
und voll Bewunderung zu betrachten;
zu erkennen, dass wir zutiefst verbunden sind
mit allen Geschöpfen
auf unserem Weg zu deinem unendlichen Licht.*

Sauberes Trinkwasser ist eine Frage von vorrangiger Bedeutung, denn es ist unentbehrlich für das menschliche Leben und zur Erhaltung der Ökosysteme von Erde und Wasser.

LS 28

Den Wert der Dinge erkennen

Ein Lebensstil in Liebe und Achtsamkeit

Die Liebe voller kleiner Gesten gegenseitiger Achtsamkeit betrifft auch das bürgerliche und das politische Leben und zeigt sich bei allen Gelegenheiten, die zum Aufbau einer besseren Welt beitragen.

Die Liebe zur Gesellschaft und das Engagement für das Gemeinwohl sind ein hervorragender Ausdruck der Nächstenliebe, die nicht nur die Beziehungen zwischen den einzelnen Menschen angeht, sondern auch die »Makro-Beziehungen – in gesellschaftlichen, wirtschaftlichen und politischen Zusammenhängen« (Benedikt XVI.). [...]

Wenn jemand den Ruf Gottes erkennt, gemeinsam mit den anderen in diese gesellschaftlichen Dynamiken einzugreifen, soll er sich daran erinnern, dass dies ein Teil seiner Spiritualität ist, dass es Ausübung der Nächstenliebe ist und dass er auf diese Weise reift und sich heiligt.

LS 231

Danke, dass du alle Tage bei uns bist.
Ermutige uns bitte in unserem Kampf
für Gerechtigkeit, Liebe und Frieden.

Für Gerechtigkeit, Liebe und Frieden

Wir müssen uns stärker bewusst machen, dass wir eine einzige Menschheitsfamilie sind. Es gibt keine politischen oder sozialen Grenzen und Barrieren, die uns erlauben, uns zu isolieren, und aus ebendiesem Grund auch keinen Raum für die Globalisierung der Gleichgültigkeit.

LS 52

Eine Menschheitsfamilie

Im Dialog voranschreiten

Der größte Teil der Bewohner des Planeten bezeichnet sich als Glaubende, und das müsste die Religionen veranlassen, einen Dialog miteinander aufzunehmen, der auf die Schonung der Natur, die Verteidigung der Armen und den Aufbau eines Netzes der gegenseitigen Achtung und der Geschwisterlichkeit ausgerichtet ist.

Dringend ist auch ein Dialog unter den Wissenschaften selbst, denn jede von ihnen pflegt sich in die Grenzen ihrer eigenen Sprache zurückzuziehen, und die Spezialisierung neigt dazu, sich in Abschottung und in eine Verabsolutierung des eigenen Wissens zu verwandeln. Das verhindert, die Umweltprobleme in geeigneter Weise anzugehen. Ebenfalls wird ein offener und freundlicher Dialog zwischen den verschiedenen Ökologiebewegungen notwendig, wo es nicht an ideologischen Kämpfen fehlt.

LS 201

Christliches Gebet mit der Schöpfung

Wir preisen dich, Vater, mit allen Geschöpfen,
die aus deiner machtvollen Hand hervorgegangen sind.
Dein sind sie und erfüllt von deiner Gegenwart und Zärtlichkeit.
Gelobt seist du.

Sohn Gottes, Jesus, durch dich wurde alles erschaffen.
In Marias Mutterschoß nahmst du menschliche Gestalt an;
du wurdest Teil dieser Erde
und sahst diese Welt mit menschlichen Augen.
Jetzt lebst du in jedem Geschöpf
mit deiner Herrlichkeit als Auferstandener.
Gelobt seist du.

Heiliger Geist, mit deinem Licht
wendest du diese Welt der Liebe des Vaters zu
und begleitest die Wehklage der Schöpfung;
du lebst auch in unseren Herzen, um uns zum Guten anzutreiben.
Gelobt seist du.

O Gott, dreifaltig Einer,
du kostbare Gemeinschaft unendlicher Liebe,
lehre uns, dich zu betrachten in der Schönheit des Universums,
wo uns alles von dir spricht.

Erwecke unseren Lobpreis und unseren Dank
für jedes Wesen, das du erschaffen hast.
Schenke uns die Gnade, uns innig vereint zu fühlen
mit allem, was ist.

Gott der Liebe,
zeige uns unseren Platz in dieser Welt
als Werkzeuge deiner Liebe zu allen Wesen dieser Erde,
denn keines von ihnen wird von dir vergessen.
Erleuchte, die Macht und Reichtum besitzen,
damit sie sich hüten vor der Sünde der Gleichgültigkeit,
das Gemeinwohl lieben, die Schwachen fördern
und für diese Welt sorgen, die wir bewohnen.

Die Armen und die Erde flehen,
Herr, ergreife uns mit deiner Macht und deinem Licht,
um alles Leben zu schützen,
um eine bessere Zukunft vorzubereiten,
damit dein Reich komme,
das Reich der Gerechtigkeit, des Friedens,
der Liebe und der Schönheit.

Gelobt seist du. Amen.

Wir preisen dich, Vater, mit allen Geschöpfen,
die aus deiner machtvollen Hand
hervorgegangen sind.
Dein sind sie
und erfüllt von deiner Gegenwart und Zärtlichkeit.
Gelobt seist du.

Wir preisen dich

Die Berufung, Beschützer des Werkes Gottes zu sein, praktisch umzusetzen gehört wesentlich zu einem tugendhaften Leben; sie ist nicht etwas Fakultatives, noch ein sekundärer Aspekt der christlichen Erfahrung.

LS 217

Durch dich wurde alles erschaffen

Für die christliche Erfahrung finden alle Geschöpfe des materiellen Universums ihren wahren Sinn im menschgewordenen Wort, denn der Sohn Gottes hat in seine Person einen Teil des materiellen Universums aufgenommen, in den er einen Keim der endgültigen Verwandlung hineingelegt hat.

LS 235

Sohn Gottes, Jesus,
durch dich wurde alles erschaffen.
In Marias Mutterschoß nahmst du menschliche Gestalt an;
du wurdest Teil dieser Erde
und sahst diese Welt mit menschlichen Augen.
Jetzt lebst du in jedem Geschöpf
mit deiner Herrlichkeit als Auferstandener.
Gelobt seist du.

Heiliger Geist, mit deinem Licht
wendest du diese Welt der Liebe des Vaters zu
und begleitest die Wehklage der Schöpfung;
du lebst auch in unseren Herzen,
um uns zum Guten anzutreiben.
Gelobt seist du.

Du lebst auch in unseren Herzen

In jedem Geschöpf wohnt sein lebenspendender Geist, der uns in eine Beziehung zu ihm ruft. Die Entdeckung dieser Gegenwart regt in uns die Entwicklung der »ökologischen Tugenden« an.

LS 88

Ein Ausdruck dieser Haltung ist, vor und nach den Mahlzeiten innezuhalten, um Gott Dank zu sagen. Ich schlage den Gläubigen vor, diese wertvolle Gewohnheit wieder aufzunehmen und sie mit Innigkeit zu leben.

Dieser Moment des Segensspruchs erinnert uns, selbst wenn er ganz kurz ist, an unsere Abhängigkeit von Gott für unser Leben, unterstützt unser Empfinden der Dankbarkeit für die Gaben der Schöpfung, erkennt jene an, die mit ihrer Arbeit diese Güter besorgen, und stärkt die Solidarität mit denen, die am meisten bedürftig sind.

LS 227

Erwecke unseren Lobpreis

O Gott, dreifaltig Einer,
du kostbare Gemeinschaft unendlicher Liebe,
lehre uns, dich zu betrachten in der Schönheit des Universums,
wo uns alles von dir spricht.
Erwecke unseren Lobpreis und unseren Dank
für jedes Wesen, das du erschaffen hast.
Schenke uns die Gnade, uns innig vereint zu fühlen
mit allem, was ist.

Gott der Liebe,
zeige uns unseren Platz in dieser Welt
als Werkzeuge deiner Liebe zu allen Wesen dieser Erde,
denn keines von ihnen wird von dir vergessen.
Erleuchte, die Macht und Reichtum besitzen,
damit sie sich hüten vor der Sünde der Gleichgültigkeit,
das Gemeinwohl lieben, die Schwachen fördern
und für diese Welt sorgen, die wir bewohnen.

Zeige uns unseren Platz in dieser Welt

Wenn andererseits das Herz wirklich offen ist für eine universale Gemeinschaft, dann ist nichts und niemand aus dieser Geschwisterlichkeit ausgeschlossen.

LS 92

Um eine bessere Zukunft vorzubereiten

Gott, der uns zur großzügigen und völligen Hingabe zusammenruft, schenkt uns die Kräfte und das Licht, die wir benötigen, um voranzugehen. Im Herzen dieser Welt ist der Herr des Lebens, der uns so sehr liebt, weiter gegenwärtig. Er verlässt uns nicht, er lässt uns nicht allein, denn er hat sich endgültig mit unserer Erde verbunden, und seine Liebe führt uns immer dazu, neue Wege zu finden. Er sei gelobt.

LS 245

Die Armen und die Erde flehen,
Herr, ergreife uns mit deiner Macht und deinem Licht,
um alles Leben zu schützen,
um eine bessere Zukunft vorzubereiten,
damit dein Reich komme,
das Reich der Gerechtigkeit, des Friedens,
der Liebe und der Schönheit.
Gelobt seist du. Amen.

www.herder.de

Herstellung: Graspo CZ, Zlin

Gedruckt auf umweltfreundlichem, chlorfrei gebleichtem Papier
Printed in the Czech Republic

ISBN 978-3-451-34884-6